W9-BIR-750

Anderson Elementary
Library

LOS SIUX

de Robert Nicholson

Traducción: José Ramón Araluce

Consultor editorial: Ben Burt,
Museo del Hombre, Museo Británico

LAREDO PUBLISHING COMPANY, INC.

Original title
The Sioux
Copyright © Two-Can Publishing Ltd., 1992
Text copyright © Robert Nicholson, 1992

Printed in Mexico

Copyright © 1993 by Laredo Publishing Company, Inc.
22930 Lockness Ave.
Torrance, CA 90501

All rights reserved. No part of this book may be reproduced or transmitted in
any form or by any means, electronic or mechanical, including photocopying, recording,
or by any information storage and retrieval system, without
permission in writing from the publisher.

Photographic credits:
The Ancient Art and Architecture Collection: p. 30 (tr), p. 31 (bl); The Bridgeman Art Library: p. 9 (r), p. 31 (br);
Edinburgh University Library: p. 32; Mary Evans Picture Library; p. 24, p. 30 (bl);
Paul Harris: p. 6, 7; By Courtesy of the Trustees of the Victoria and Albert Museum: p. 19;
Weidenfeld & Nicholson Ltd; p. 11, p. 31 (t); D C Williamson, London: pp. 16-17.

Illustration credits:
Maxine Hamil: cover, p. 25-29; Rosemary Murphy: p. 4-24.

Library of Congress Cataloging - in - Publication Data

Nicholson, Robert.
[Sioux. Spanish]
Los Siux: /de Robert Nicholson; traducción, José Ramón Araluce.
p.   cm.
Includes index.
Summary: Presents the history and culture of the Sioux through an exploration of their artifacts,
customs, beliefs, and daily routines.
ISBN 1-56492-092-5
1. Dakota Indians -- Juvenile literature. [1. Dakota Indians. 2. Indians of North America.
3. Spanish language materials.] I. Title.
E99. D1N53   1993
973'.04975--dc20   92-36912
                                                        CIP
                                                        AC

ISBN 1-56492-092-5
1 2 3 4 5 6 7 8 9 10

Tabla de materias

Cri

Río Misuri

Siux

Colinas Negras

Cheyene

Pauni

Comanche

Montañas Rocosas

Praderas

Océano Pacífico

Nez Perce

Navajo

Yaqui

Apache

El mundo de los Siux

Los pueblos originarios del continente norteamericano se llaman indios. Vivieron en ese continente durante miles de años antes de la llegada de los europeos. Estos pueblos estaban divididos en **tribus**.

Los siux, que se llaman a sí mismos Dakota o Lakota, eran una de esas tribus que vivían en el norte del continente, en América del Norte. Al principio vivían en la mitad este del continente, pero cuando en el siglo diecinueve los colonos europeos que vivían en el este de América del Norte empezaron a extenderse hacia el oeste, los siux fueron empujados por ellos hacia el oeste.

En esta parte del continente, con grandes llanuras, empezaron una vida errante siguiendo a las manadas de **búfalos**.

4

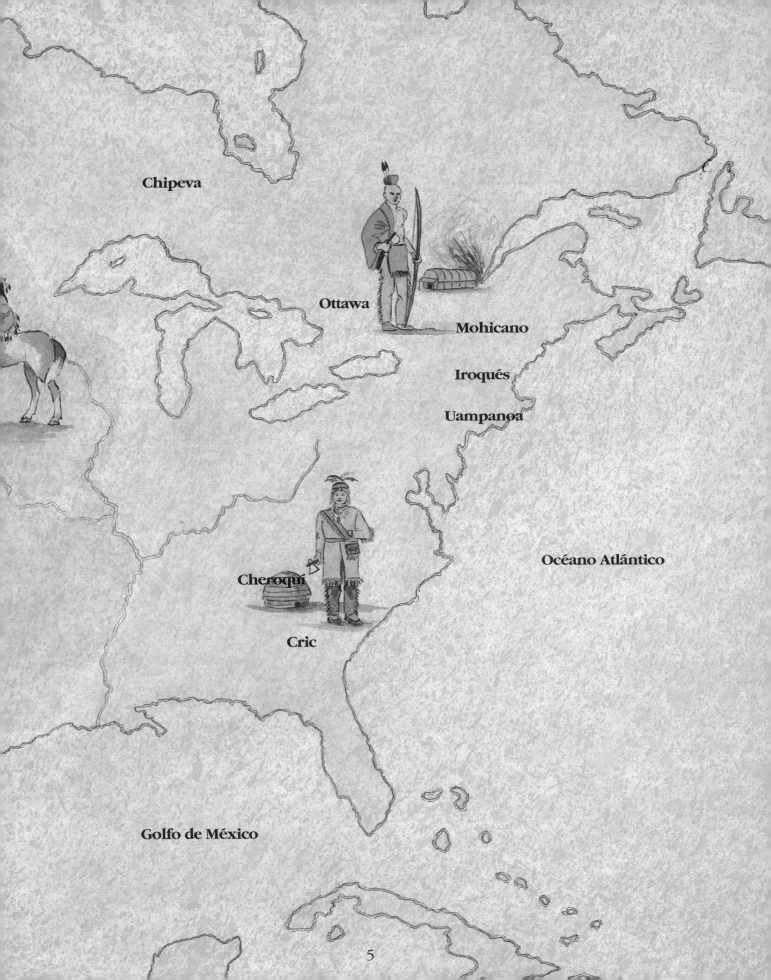

Chipeva

Ottawa

Mohicano

Iroqués

Uampanoa

Océano Atlántico

Cheroquí

Cric

Golfo de México

5

Las tierras de los siux

El área de las **Grandes Praderas** era muy importante para los siux. En ellas encontraron todo lo que necesitaban para vivir: comida, protección contra los elementos y agua de sus ríos. Las Grandes Praderas también proporcionaban mucho espacio y libertad de movimiento a los siux para cazar y luchar a gusto. En las praderas vivían muchas especies de animales: coyotes, lobos, liebres y zorros, las que compartían con los búfalos. Los antílopes, los ciervos y los osos vivían también en ellas y en las colinas.

Los siux daban gran importancia a la tierra y se daban cuenta de que dependían de ella para seguir con su vida nómada. Creían que cuando abandonaban un campamento era importante dejar la tierra igual que la habían encontrado al llegar.

Búfalos y caballos

El búfalo era el más importante de los animales que cazaban los siux. Millones de búfalos recorrían las praderas, proporcionando una fuente constante de comida y otros materiales.

La piel del búfalo era un material muy importante, pero se necesitaba mucho trabajo para prepararla antes de poder ser usada. En primer lugar, la piel tenía que sujetarse tirante entre estacas. Con unos raspadores se quitaban los restos de carne y de pelo de la piel, dejándola lisa. Luego esta piel sin pelo que se llama cuero se restregaba con una mezcla de hígado, grasa y sesos para conservarla suave y manejable, y entonces se lavaba en agua corriente.

El proceso acababa haciendo pasar el cuero muchas veces por un agujero hecho en una madera.

Shunka wakan

Los siux llamaron al caballo **shunka wakan**, que quiere decir perro sagrado. Antes de que los colonizadores españoles llevaran el caballo a América del Norte en el siglo diecisiete, los siux solamente tenían perros. Los caballos podían llevar cargas mucho más pesadas y mucho más de prisa, lo que permitía a las personas seguir a las manadas de búfalos mucho más lejos. También el caballo hizo que la caza del búfalo fuera más fácil porque los cazadores podían cazar los bisontes y disparar sus flechas montando a caballo. El robo de caballos fue una causa corriente de las luchas con otras tribus.

▲ El bisonte americano o búfalo tiene la cabeza cubierta de pelo negro, largo y enredado, y el resto del cuerpo está cubierto de un pelo castaño más corto.

▼ Usaban unos trineos especiales llamados **travois** para arrastrar cargas pesadas. Antes de la introducción del caballo, los siux usaron travois pequeños tirados por perros o por personas. El caballo permitió llevar cargas más pesadas y más rápidamente.

Cuerno, cuero y carne

Los siux aprendieron a utilizar todas las partes del búfalo.

- El cuerno se usaba para hacer cucharas.
- Los huesos se usaban para hacer cuchillos o raspadores para limpiar las pieles.
- Las vejigas servían de bolsas para guardar comida.
- Las pieles o los cueros se cosían para hacer tiendas, bolsas para guardar cosas y ropa.
- Los cráneos se pintaban con frecuencia y se usaban en ceremonias religiosas.
- Todas las partes del búfalo que tenían carne se comían.

Anderson Elementary Library

La guerra

En las Grandes Praderas había otras tribus de indios.
Algunas eran amigas de los siux, como los cheyene,
pero otras eran enemigas, como los pauni. Todas
las tribus luchaban entre sí con frecuencia. La razón
de la pelea no era robar tierra o conquistar a la otra
tribu, sino demostrar su valor. Muchas veces las
guerras entre tribus duraban muchos años, ya que
una tribu trataba de vengarse del último ataque de
la tribu enemiga.

A veces los guerreros no trataban siquiera de
matarse entre sí. En lugar de eso **contaban golpes**.
Creían que era mucho más valiente el acercarse al
enemigo lo bastante para tocarlo con la mano o con
un palo de tocar que matarlo desde lejos con una
flecha o con una bala.

Señales

Cada tribu hablaba una lengua diferente. Para comunicarse entre ellas usaban un
sistema de señales con las manos.

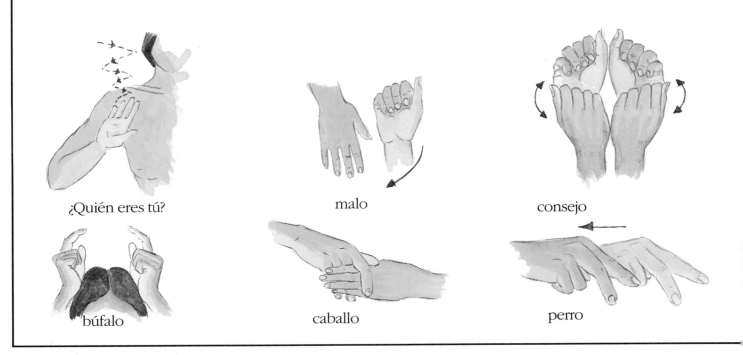

¿Quién eres tú?

malo

consejo

búfalo

caballo

perro

▲ Los palos de contar golpes como éste se decoraban con plumas, cuentas y pelo.

Los héroes

Los siux se hicieron famosos durante las guerras indias (mira la página 24). Estos líderes consiguieron unir a las tribus que no se habían unido antes en su lucha para proteger sus tierras.

▶ Muchos líderes de los siux trataron de negociar con los soldados blancos, pero tuvieron poco éxito.

Crazy Horse (Caballo loco)

Crazy Horse era un líder de los siux que se negó a ceder las praderas al hombre blanco. Cuando éstos ofrecieron dinero para comprar las Colinas Negras o **Paka Sapa** (Black Hills), Crazy Horse dijo: "No se puede vender la tierra sobre la que las personas caminan".

Sitting Bull (Toro sentado)

Sitting Bull era el jefe de los siux Hunkpapa. Luchó durante treinta años como guerrero y como líder para conservar las tierras de su gente.

Red Cloud (Nube roja)

Red Cloud era el jefe de los siux Oglala. Mantuvo al hombre blanco fuera de las sagradas Colinas Negras durante diez años, pero al final fue obligado a aceptar vivir en una **reserva**.

os nombres de los siux

niños indios no recibían un nombre al nacer. ían solamente un apodo. Sitting Bull (Toro tado) tenía el apodo de Hunkesni, que quiere ir "lento". Algunos indios se ganaron el nombre sus actos valerosos y otros recibieron sus nbres de los espíritus en sus sueños.

La tribu

Los siux fueron la tribu más grande de indios de las praderas y se dividían en varias bandas más pequeñas. Se les conoce con varios nombres, como los siux Hunkpapa o los siux Brulé. Cada banda se dividía en grupos más pequeños en invierno, cuando la comida era escasa. En el verano, los grupos de cada banda se reunían en un campamento, o **hoop** de verano. En esa reunión los jefes de cada grupo se contaban los unos a los otros lo que habían hecho, dónde habían cazado y contra quién habían luchado.

En cada grupo había varias familias que estaban emparentadas entre sí. Tenían un jefe que era el líder de todo el grupo. El jefe no podía obligar a nadie a hacer lo que no quería. Por encima de estos grupos, los siux se consideraban seres independientes, con libertad de hacer lo que quisieran.

Los siux no tenían leyes. En su lugar había una serie de costumbres que servían de guía para saber cómo tenía que comportarse la gente.

Cazadores y exploradores

No todos los hombres eran guerreros. Algunos hombres no luchaban nunca. Algunos eran grandes cazadores y sabían todos los medios para cazar búfalos. Otros eran exploradores con gran experiencia y ayudaban a la banda a encontrar búfalos o enemigos. El hombre que tenía la mejor memoria recibía el encargo de escribir en una gran piel de búfalo lo que había pasado durante el año. Otros hombres eran los cómicos del campamento, contaban chistes y llevaban ropas divertidas.

Las mujeres

Las mujeres cuidaban del campamento mientras los hombres estaban cazando o pescando. Ellas cocinaban, buscaban leña, cosechaban verduras silvestres y hacían la ropa. A veces había mujeres que participaban también en las guerras y cazaban. Los hombres no solían tener más de una esposa, aunque no estaba mal visto tener más de una.

A la mayor parte de las mujeres no les importaba que sus maridos tuvieran otras mujeres porque esto les permitía repartirse el trabajo.

La religión

La religión forma parte de la vida diaria de los siux. La gente venera los espíritus que representan el sol, la tierra, el cielo y cada cosa del mundo. Los siux creen que todas las cosas están controladas por el Gran Espíritu, o **Wakan Taka**. Es el Gran Espíritu quien les permite vivir en su tierra. Cada tribu tiene al menos un hombre de medicina o **Wapiya** que puede pronosticar el futuro, dar consejos a la tribu sobre materias religiosas y con frecuencia curar heridas también.

Los festivales religiosos tienen lugar varias veces al año. En ellos se danza y se canta generalmente a un espíritu concreto. Los sueños y las visiones tienen mucha importancia, ya que son la manera de comunicarse con los espíritus y de obtener su protección.

El **Baile del sol** es el festival más importante. Los hombres ayunan durante varios días. Sujetan sus cuerpos con estacas de madera a un poste en medio del campamento de verano al mediodía a pleno sol, con la esperanza de tener una visión. Creen que esto puede hacer que Wakan Taka brille y les dé su luz durante otro año.

▲ Todos los hombres tienen una pipa que llenan con cortezas de árbol o hierbas. Cuando reciben la visita de un amigo, encienden la pipa y los hombres fuman juntos. Los siux creen que el humo de algunos tipos de hierbas es sagrado.

Las tiendas para sudar

Las **tiendas para sudar** se usaban para rituales religiosos. En ellas se arrojaba agua sobre piedras calentadas al rojo para crear vapor. Los siux creían que el calor los purificaba y les daba energía.

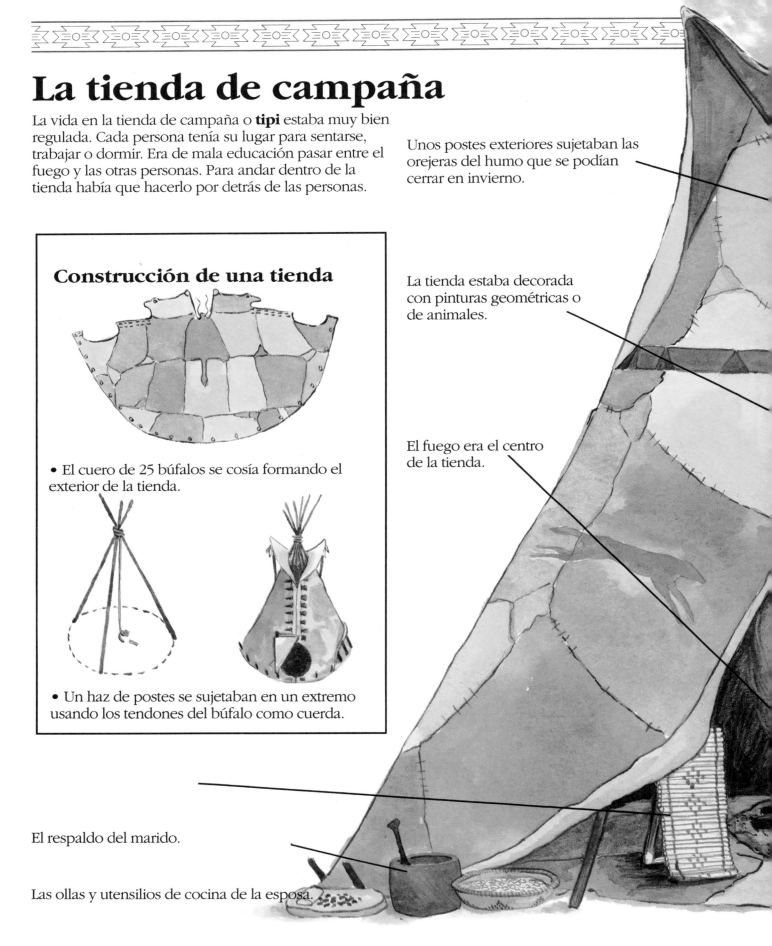

La tienda de campaña

La vida en la tienda de campaña o **tipi** estaba muy bien regulada. Cada persona tenía su lugar para sentarse, trabajar o dormir. Era de mala educación pasar entre el fuego y las otras personas. Para andar dentro de la tienda había que hacerlo por detrás de las personas.

Unos postes exteriores sujetaban las orejeras del humo que se podían cerrar en invierno.

La tienda estaba decorada con pinturas geométricas o de animales.

El fuego era el centro de la tienda.

Construcción de una tienda

- El cuero de 25 búfalos se cosía formando el exterior de la tienda.

- Un haz de postes se sujetaban en un extremo usando los tendones del búfalo como cuerda.

El respaldo del marido.

Las ollas y utensilios de cocina de la esposa.

Los niños

Los siux pensaban que los niños eran muy importantes porque representaban el porvenir de la tribu. Cuidaban de sus hijos con esmero y rara vez los castigaban. El castigo más severo consistía en verter agua fría sobre los niños.

Desde muy niños aprendían a cabalgar, tanto los hombres como las mujeres. Para la edad de seis o siete años ya eran jinetes experimentados. Para esa edad las niñas ya ayudaban a sus mamás con los quehaceres y los niños recibían adiestramiento de parte de los ancianos en el manejo de los caballos. No había escuelas, así que los niños aprendían a base de esfuerzo y práctica las tareas que más tarde desempeñarían como adultos.

Los niños tenían bastante tiempo para jugar. Los juegos a menudo eran carreras, simulacros de batallas y otras actividades duras. En el invierno construían toboganes y se deslizaban en la nieve.

▼ Los niños hacían con frecuencia sus propios juguetes, pero otros juguetes más complicados, como esta muñeca, los hacían los adultos.

► Los niños pequeños iban sujetos a la espalda de su madre o de su abuela en **mochilas** hechas de cuero y madera.

El suelo estaba cubierto de pieles.

La comida

Los siux no cultivaban la tierra ni criaban ganado aparte de los caballos. Su comida consistía mayormente en la carne del búfalo y de otros animales salvajes, así como plantas que crecían a su alrededor en las praderas.

El búfalo proporcionaba carne fresca que se asaba o se cocía en guisados muy sabrosos. También se cortaba en tiras, se secaba y se guardaba para comerse más tarde. Los siux guardaban la carne seca con bayas en grasa. Esta comida se llamaba "pemmican" y se guardaba para comerla cuando viajaban o en invierno cuando la carne escaseaba. También cazaban y comían carne de antílope y alce.

Usaban plantas silvestres como los nabos y las bayas para dar sabor a la carne y a los guisados. Las mujeres siux mantenían una olla en el fuego con guisado para ofrecerlo a los visitantes.

▲ Antes de que los colonos europeos importaran las vasijas de metal, los siux usaron los estómagos de los búfalos para cocer el guisado. Se metían piedras calientes sacadas del fuego para calentar el guisado.

La ropa

Los siux usaban ropa muy sencilla de uso diario, pero tenían ropa más lujosa para usar en ocasiones especiales, como en las batallas o en las ceremonias.

Los hombres llevaban camisas y perneras y las mujeres usaban vestidos sueltos. Todo el mundo llevaba túnicas largas hechas de pieles de búfalo encima de la otra ropa. Se calzaban con **mocasines** hechos de cuero de búfalo.

En invierno estos trajes y vestidos se llevaban debajo de espesas pieles de oso, de abrigos y con perneras largas.

En ocasiones especiales, los guerreros famosos llevaban plumas en sus cintas sujetapelo. Los cueros cabelludos de sus enemigos se cosían en los trajes de los guerreros para mostrar sus hazañas. Los guerreros y los cazadores se pintaban la cara y el cuerpo de sus caballos con pinturas brillantes y dibujos atractivos que se pensaba servían para atraer el apoyo de los espíritus importantes.

Decoración

Las mujeres siux eran expertas en la decoración de mocasines, ropa y amuletos. Usaban pintura y también púas de puercoespín que se vaciaban y se cortaban para coserlas como cuentas. Los mocasines decorados con cuentas se usaban con frecuencia como símbolo de amor al marido, a los hijos o a los hermanos. Se usaban las plumas para decorar lanzas, **carcajes** para flechas, escudos, **cascos de guerra** y pipas.

▼ Un guerrero siux tenía que triunfar en muchas hazañas antes de poder llevar un casco de guerra. Cuando no se usaba, el casco de guerra se enrollaba con cuidado y se guardaba en una bolsa para que no se estropeara.

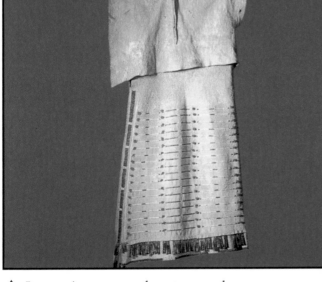

▲ Las mujeres mascaban trozos de cuero por mucho tiempo para hacerlo flexible y que sirviera para hacer ropa como este vestido.

La artesanía

Originalmente los siux usaban púas de puercoespín teñidas de colores para hacer cuentas, pero con la llegada de los europeos traficaron para obtener cuentas de vidrio de colores. Tú también puedes decorar con cuentas un trozo de tela. Primero dibuja en la tela la decoración. Luego cose las cuentas sobre la tela en filas. No cosas más de seis cuentas con una sola puntada, porque en caso contrario quedarán muy sueltas.

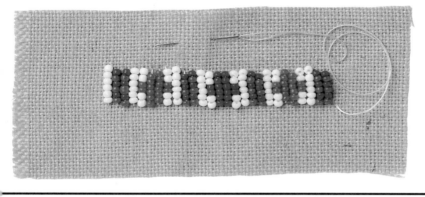

Las plumas

Las plumas se llevaban en el pelo para mostrar lo que un valiente guerrero había hecho en la guerra.

tercer golpe a un enemigo

mató a un enemigo

cortó la garganta de un enemigo

mató un enemigo y cogió su cuero cabelludo

cuarto golpe

herido muchas veces

quinto golpe

La llegada del hombre blanco

Como cada vez llegaban más europeos a América, éstos se extendieron hacia el oeste por las llanuras. Construyeron vías de tren, mataron a los búfalos y pusieron cercas en sus granjas. Gradualmente la forma de vida de los siux quedó destruida. Los siux lucharon para defender sus derechos y sus tierras. Aunque vencieron en algunas batallas, como la Batalla de Little Bighorn en la que Custer y todos sus hombres perecieron, finalmente los siux fueron arrollados por el ejército. Muchos indios murieron también de enfermedades contagiadas por los colonos o de hambre al ir desapareciendo los búfalos.

Los siux y otras tribus están hoy reducidos a vivir en pequeñas reservas. Como quedan muy pocos búfalos, han aprendido a cultivar la tierra o no tienen trabajo. Algunos tratan de vivir según su estilo tradicional y se ganan la vida con el turismo. Sin embargo, al no tener espacio para su vida nómada, su forma de vida tradicional casi ha desaparecido.

La matanza de los búfalos

• En 1850 había 20 millones de búfalos en las Grandes Praderas.
• En 1889 solamente se pudieron encontrar 551 animales.
• Como ahora están protegidos, hay alrededor de 15,000 búfalos.

El jefe de los cuervos

Los siux cuentan muchas historias de espíritus y sobre el mundo que los rodea. Este cuento trata de explicar por qué los búfalos huían de los cazadores siux, aunque los espíritus los habían creado para servirlos.

os siux siempre han cazado búfalos en las Grandes raderas. Hace mucho tiempo, sin embargo, la caza ra diferente. El búfalo entendía que los espíritus lo abían creado para ayudar a vivir a los siux, y estaba tisfecho con ser cazado. A su vez, los siux trataban los animales con respeto. Nunca mataban más úfalos que los que necesitaban, y siempre pedían erdón por matar un búfalo y además daban gracias los espíritus.

Sin embargo, los siux tenían un enemigo: el jefe e los cuervos. En aquella época, todos los cuervos tenían brillantes plumas blancas y eran muy malos. A su jefe no le gustaban los siux, y por eso dijo a los cuervos que se posaran en las anchas espaldas de los búfalos y que les dijeran que no se dejaran cazar por los siux. Cuando los cuervos se daban cuenta de que los cazadores siux se acercaban a las manadas de búfalos, una nube de blancos cuervos se lanzaba por el aire hacia abajo chillando a los búfalos:

"¡De prisa! ¡Corre para que no te maten! ¡Los cazadores te persiguen!" Al oír esto, la grande y oscura manada salía de estampida por la pradera.

Al cabo de algún tiempo, los siux no pudieron aguantar más.

El jefe de los siux reunió a toda la tribu.

"Tenemos que capturar al jefe de los cuervos", dijo. "El cuervo cuyas plumas brillan como la nieve es el jefe".

"Pero, ¿cómo podríamos atraparlo?" dijo una mujer que estaba sentada cerca de él.

"No lo sé", dijo el jefe, mirando a los miembros de la tribu. "Alguien debe ir solo a mezclarse con los búfalos".

Un joven guerrero se adelantó. "Yo iré. Yo atraparé al astuto cuervo".

"Eres muy valiente", dijo el jefe. "El hombre de medicina te dará algo mágico para ayudarte".

Y con esto el joven guerrero se fue a la tienda del
hombre de medicina. Éste hizo una gran hoguera que
tenía llamas azules, verdes y rosa. Luego el hombre
de medicina puso una piel de bisonte sobre la espalda
del guerrero y murmuró unas palabras mágicas en su
oído.

Fuera de la tienda, la tribu esperó mientras salía el
humo por la abertura en lo alto de la tienda. De
repente, la entrada de la tienda se abrió y por ella salió
un búfalo. Era el joven guerrero con el cuerpo de un
búfalo pero con el corazón y la mente de un ser
humano.

El guerrero se fue hacia la pradera. En la distancia
podía ver el polvo que levantaba la manada de
búfalos al acercarse. Cuando pasaron cerca, se unió a
ellos y siguió corriendo con ellos. Los búfalos no se
dieron cuenta que había un ser humano entre ellos,
porque el joven guerrero parecía y olía como un
búfalo.

En las colinas que rodeaban a la pradera se reunieron los cazadores, mirando a la manada. En el cielo encima de la manada, se juntó una bandada de blancos cuervos, mirando a la vez a los cazadores y a los búfalos.

El líder dio una orden y la bandada de cuervos pasó muy bajo sobre la manada.

"¡Sálvese el que pueda!" chillaban. "¡Los cazadores vienen por ustedes!"

Dando mugidos de miedo, la manada de búfalos salió de estampida. A los pocos minutos la pradera estaba desierta y lo único que quedaba era una nube de polvo y un solo búfalo comiendo la hierba.

El jefe de los cuervos se sorprendió. Nunca había visto a un búfalo quedarse atrás cuando la manada salía de estampida. Dio una pasada baja encima del búfalo solitario chillando:

"¿Estás sordo? ¡Si no corres te matarán!"

Al acercarse el cuervo, el solitario búfalo se levantó sobre las patas traseras y dejó caer la piel de búfalo.

Antes de que el cuervo se diera cuenta de lo que estaba pasando, el joven guerrero lo había atrapado por las patas y las había atado con una cuerda muy larga. Al otro extremo de la cuerda ató una piedra muy grande para que el cuervo no pudiera salir volando.

"¡Eres un pájaro malo!" le dijo el guerrero siux al cuervo. "¡Has tratado de romper la unión sagrada entre el hombre y el búfalo!"

Y al decir esto tiró al cuervo, la cuerda y la piedra a la hoguera.

Mientras la tribu lo miraba, las brillantes plumas blancas del cuervo se volvieron tan negras como la noche. Las llamas cortaron la cuerda y el cuervo echó a volar y se alejó graznando muy alto.

Desde ese día, todos los cuervos tienen las plumas negras como la noche para recordarles que no deben interferir entre el búfalo y los hombres.

Los búfalos por su lado prestan más atención que antes. Si un cazador descuidado hace demasiado ruido, la manada no espera a que la maten. Desaparece en una nube de polvo.

Cómo lo sabemos

¿Te has puesto a pensar cómo sabemos tantas cosas del pasado de los siux aunque su forma de vida desapareció hace tantos años?

La evidencia en el arte

Cada grupo siux tenía un artista que pintaba los sucesos de cada año sobre una piel de búfalo. Todos los inviernos pintaba un resumen de todo lo que había pasado aquel año. Esto se llama **la historia del invierno.** Se puede poner una fecha a estas historias por la información que nos dan. Una historia del invierno, por ejemplo, muestra una luz brillante que cruza por el cielo, lo que está probado fue un meteoro que se vio en 1822.

▲ Algunos artistas contemporáneos reproducen de una manera muy precisa las actividades de los siux. Este cuadro de George Catlin muestra a dos cazadores arrastrándose hacia una manada de búfalos.

La imagen popular

Si ponen una película del oeste en la televisión, presta atención. Piensa si la película presenta de una manera auténtica la forma de vida de los indios. ¿Cómo se presenta a los indios? ¿Muestra con exactitud lo que ocurría?

▶ Algunos artefactos siux muestran imágenes de la lucha con el hombre blanco.

▲ Este dibujo reproduce una historia del invierno pintada en una tela de algodón. ¿Puedes adivinar lo que representan algunos de los dibujos?

Evidencia de los colonos

Las historias y los archivos muestran cómo veían a los siux sus enemigos. Sin embargo, pocos soldados o políticos entendieron verdaderamente el estilo de vida de los siux. Por ejemplo, Custer declaró que los siux rompían traicioneramente los tratados que habían firmado. Pero con frecuencia esos tratados eran firmados por un grupo de indios que no representaban a ningún otro grupo. Los archivos del hombre blanco omiten mencionar las muchas veces que el gobierno de Washington rompió los tratados.

Glosario

Baile del sol
El principal festival de año, cuando se hacían sacrificios en honor de Wakan Taka.

Búfalo
Bisonte de América; un mamífero muy grande semejante a un toro con una gran cabeza cubierta de una negra. Este animal era muy abundante en las grandes praderas de América del Norte hasta finales del siglo XIX.

Carcaje
Caja para guardar flechas que se sujeta a la espalda del arquero.

Casco de guerra
Un adorno de cabeza como una gran diadema hecha con plumas que llevaban los grandes guerreros en las batallas como demostración de su valor.

Contar golpes
Acercarse mucho a un enemigo hasta tocarlo o ponerse delante para mostrar valor.

Grandes Praderas
Las grandes llanuras del centro de América del Norte en las que vivían muchos animales salvajes como los búfalos y muchas tribus de indios.

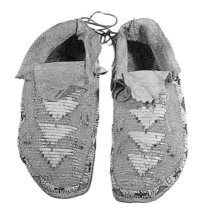

historia del invierno
Una crónica de la historia anual de una tribu.

hoop
El campamento de verano en el que se reunían las bandas de una tribu. Las tiendas se colocaban formando un gran círculo.

mocasines
Zapatos de cuero blando decorado con frecuencia con cuentas de colores.

mochila
Una bolsa que se colocaba a la espalda de la madre o de la abuela para llevar a los niños pequeños.

Paka Sapa
Las Colinas Negras de Dakota que los siux consideraban sagradas.

reserva
Una parte del territorio de los Estados Unidos en las que viven las naciones indias.

shunka wakan
La palabra siux para caballo. Se consideraba rico a un hombre que tuviera muchos caballos.

tiendas para sudar
Una pequeña tienda de cuero cerrada que se usaba para un ritual sagrado. Algunos hombres dejaban de comer durante varios días y se sentaban dentro de la tienda para sudar esperando una visión de los espíritus.

tipi
La tienda de campaña donde vivía una familia.

travois
El trineo hecho con dos palos de madera sujetos con una piel de búfalo entre los dos para llevar las propiedades en los traslados. Empezaron siendo arrastrados por personas o perros, pero luego se usaron los caballos.

Wakan Taka
El Gran Espíritu autor de todas las cosas que permitió a los siux usar libremente su tierra.

Wapiya
Hombre sabio y respetado que tenía visiones y daba consejos. Se le suele llamar hombre de medicina.

Índice